NOTES

SUR UNE ORGANISATION

DU CORPS

DES OFFICIERS DE SANTÉ MILITAIRES.

NOTES

SUR UNE ORGANISATION

DU CORPS

DES OFFICIERS DE SANTÉ MILITAIRES,

PAR LE DOCTEUR

P. M. MENESTREL,

Chirurgien Aide-Major, au 37e Régiment.

BAYONNE,

IMPRIMERIE DE VEUVE CLUZEAU, PLACE D'ARMES, Nº 6.

1840.

NOTES

SUR UNE ORGANISATION

DU CORPS

DES OFFICIERS DE SANTÉ MILITAIRES.

CONSIDÉRATIONS GÉNÉRALES.

Si l'on jette un coup d'œil sur toutes les professions civiles ou militaires, libérales ou industrielles ; on remarque que toutes sont encombrées, que toutes regorgent d'aspirants, ils s'y présentent en foule, parmi elles une seule dépérit et meurt chaque jour ; c'est la Chirurgie militaire, noble et belle profession, trop ingrate pour ceux qui l'embrassent, elle ne peut recruter, ni remplacer ses nombreux membres qui la désertent.

Or, pourquoi la Chirurgie militaire est-elle à l'agonie? Pourquoi menace-t-elle de succomber? C'est que ses membres, loin d'être récompensés de leurs honorables services, loin de jouir d'une considération due, d'une position méritée, ne sont pas convenablement traités sous le triple rapport de la *solde*, de l'*avancement* et de la *considération*.

SOLDE. — Après des études qui nécessitent des dépenses considérables, l'Officier de Santé est promu au grade de Chirurgien sous-aide, et reçoit la solde de Sous-Lieutenant d'Infanterie. Malgré l'augmentation récemment obtenue et avec tant de justice, la solde de ce Chirurgien est encore insuffisante; car, de quelles dépenses son budget n'est-il pas grevé? Pour son instruction il est obligé de se fournir de livres, d'instruments, de journaux qui le tiendront au courant de la science, et d'acquérir enfin le titre onéreux de Docteur en Médecine. De plus, ne portant presque jamais l'uniforme dont on l'a revêtu, une tenue civile conforme à sa position lui est d'une nécessité indispensable. Et pourra-t-on convenir qu'avec 130 fr. par mois, cet Officier puisse faire face à toutes ces dépenses. Sera-t-il plus heureux lorsqu'il sera promu Aide-Major ou Chirurgien-Major, grade dans lequel il attendra sa retraite?

Non, ses appointements ne croîtront que dans une proportion très-minime, et ses dépenses au contraire dans une proportion inverse. Peut-être, objectera-t-on : l'Officier de Santé militaire fait dans les garnisons où il se trouve une clientelle qui est une compensation à ses dépenses; mais l'on ignore donc que la position errante du Chirurgien militaire, le met dans l'impossibilité de faire aucune clientelle civile, et si par hasard il en acquérait une, quelque mince qu'elle fût, il cesserait d'appartenir au gouvernement, du jour ou un ordre de service lui assignerait une autre destination; et certes, je pourrais citer des démissions données dans ce cas. J'ajouterais encore bien des considérations à ces quelques lignes, pour prouver l'insuffisance de la solde des Officiers de Santé; mais cela seul suffira pour faire comprendre qu'elle est leur position pécuniaire.

Avancement. — Quel est l'avancement de l'Officier de Santé? Que deviendra-t-il après trente années d'un pénible service? Il sera Chirurgien-Major, c'est-à-dire Capitaine, voilà son bâton de Maréchal. Quelle inégalité d'avenir entre le jeune élève de l'École Polythecnique et l'élève Chirurgien! Le premier peut aspirer aux dignités militaires les plus élevées, tandis que le second n'a devant lui que la perspective d'un grade subalterne, du grade de Capitaine. Y a-t-il donc une si grande inégalité d'instruction, une si grande inégalité d'éducation, de mérite, pour une fortune si opposée? Non, l'Officier de Santé militaire a une somme de connaissances égale, sinon souvent supérieure à celle de l'Officier d'Artillerie ou du Génie.

Et encore, quelle différence de travail !

L'Officier de Santé passe les plus belles années de sa vie dans l'air infect et immonde des amphithéâtres. En fouillant dans le cadavre de son semblable pour scruter les secrets de son organisation, il a perdu ses plus belles illusions au moment où, pour lui, elles venaient de naître. A peine a-t-il quitté ce spectacle dégoûtant, qu'il pénètre dans les salles de malades, séjour de douleurs et de tortures, pour étudier sur l'homme à l'agonie l'effet délétère des nombreuses affections qui l'accablent. Il est donc sans cesse en contact, sans cesse en présence de l'homme malade, mort ou mourant.

Y a-t-il donc parité entre ces labeurs et les études de l'Officier d'Artillerie.

Et cependant quelle position, quel avenir différents !

Pour démontrer jusqu'à l'évidence, combien est borné l'avancement des Officiers de Santé militaires, je vais citer les cadres constitutifs et par conséquent les grades que peuvent parcourir les Officiers d'Artillerie , du Génie et les Officiers de Santé. *Annuaire de* 1839.

	ART.	GÉNIE.	OFFICIERS DE SANTÉ.
Lieut.-généraux.....	7	6	»
Maréchaux de camp.	13	9	5 Inspecteurs.
Colonels............	48	28	»
Lieutenants-colonels.	48	29	»
Chefs de bataillons...	137	75	28 Principaux.
Capit. en 1er et en 2e.	587	339	303 Majors.
Lieut. en 1er et en 2e.	377	117	457 Aides-Majors.
Sous-Lieutenants.....	118	10	410 Sous-Aides.
Tot. des Of. des Corps.	1,337	613	1,203

Ce tableau n'a pas besoin de commentaires , il prouve combien est resserrée la carrière du Chirurgien, combien est étroit le cercle qu'il parcourt dans sa vie militaire. Voyez combien sont favorisées les armes spéciales : sur un effectif de 1203 Officiers de Santé, on en compte 867 dans les grades de Lieutenants et de Sous-Lieutenants, tandis que sur 1337 Officiers d'Artillerie, il y en a seulement 495 dans ces mêmes grades. Aussi, n'est-il pas rare de rencontrer des Sous-Aides de 12 à 15 ans de services, et des Aides-Majors qui en comptent 20.

Pourquoi donc les Officiers de Santé sont-ils ainsi lésés dans leur avenir, dans leur avancement ? L'avancement dans sa carrière est cependant le patrimoine de l'Officier, c'est le champ qu'il arrose de ses sueurs pour se mettre plus tard à l'abri du besoin.

Considération. — Il faut l'avouer, l'Officier de Santé ne jouit que d'une mince considération parmi les Officiers et les Militaires, avec lesquels il est toujours forcément en contact. Le soldat ne porte du respect qu'à l'épaulette et ne regarde comme Officier que ceux qui sont revêtus de cet insigne ; or, il ne peut voir un Officier dans le Chirurgien de son régiment ; la modeste broderie qui le décore n'en impose pas à ses yeux. Aussi est-il fort rare qu'il lui rende les honneurs militaires ou qu'il se découvre à son passage.

Je pourrais citer bien des faits, pour prouver que la considération qui entoure le corps des Officiers de Santé est nulle, complètement nulle ; aussi je demande pour ce corps une marque distinctive convenable.

Et pourquoi la lui refuserait-on ?

Sur le champ de bataille, le Chirurgien va au feu (1), il est exposé comme les combattants à la mitraille et aux boulets de l'ennemi, aux priva-

_____

(1) L'ambulance volante créée par le Baron Larrey porte ses secours aux blessés au milieu des combattants dont les Officiers de Santé partagent les dangers.

tions, aux fatigues, à toutes les chances de la guerre, livré seulement sans défense au milieu du sang et du carnage, au milieu de cette horrible destruction; être conservateur il est là, lui, pour secourir les blessés et ranimer en eux la vie près de s'éteindre.

Dans les épidémies, quand les plus cruelles, les plus dégoûtantes affections déciment nos soldats dans les hôpitaux, il vole à leur secours, il s'expose nuit et jour à une mort terrible, il l'absorbe à toute minute, miasme par miasme, et trop souvent il succombe avec ceux qu'il n'a pu sauver (1)!

Je demande donc pour les Officiers de Santé, une marque distinctive convenable à leur rang et à leur position, et qui puisse établir enfin entr'eux et les diverses administrations avec lesquelles ils sont confondus, une différence franche et définitive.

Telle est, en peu de mots, la position des Officiers de Santé; aussi les démissions se succèdent, les bons Chirurgiens, les hommes capables quittent à l'envie une carrière aussi ingrate; on ne peut les remplacer; car, sur 60 places d'Élèves mises au concours en 1838, à peine si sur toute la France il

(1) En Afrique, la proportion des Officiers de Santé qui ont succombés à l'épidémie du *Choléra-Morbus*, est triple de celle des autres Officiers.

s'est présenté 3o candidats, et dernièrement encore, on vient de nommer Sous-Aides, des Élèves
qui ne comptaient pas six mois d'études dans les
hôpitaux d'instruction.

Il faut donc se hâter d'apporter le remède au
mal ; encore quelques années, et il ne serait plus
temps ; la Chirurgie militaire à l'agonie aujour-
d'hui, serait morte, anéantie.

Peut-être, croira-t-on que c'est un cri isolé de
détresse que jette un Officier de Santé subalterne.
Non, c'est l'expression de la masse, de la majorité
des Officiers de Santé qui demandent que l'on soit
enfin juste envers eux, qu'on réhabilite aux yeux
de l'armée ce corps sans considération, grandi
néanmoins par les paroles de l'ex-président de la
Chambre des Députés, qui s'écriait naguère du haut
de la tribune nationale : les Officiers de Santé militaires sont des hommes de science, d'honneur
et de dévouement. (*M. Dupin, Session de* 1838.)

PROJET D'ORGANISATION.

§ I.

Composition du Corps. — Hiérarchie.

Ne composer le corps des Officiers de Santé militaires que d'une seule classe, leur donner le titre de *Chirurgien* comme préférable, puisqu'il s'applique déjà à la majorité de ces Officiers.

De cette manière, il n'y aurait plus qu'un seul chef à la tête d'un hôpital, et disparaîtrait enfin le triumvirat d'Officiers de Santé, qui trop souvent nuit, et entrave le service. Il y aurait alors unité dans le commandement, et bénéfice réel pour l'accomplissement du service et le maintien de la discipline.

Établir une hiérarchie à peu près semblable :

CHIRURGIEN.			
Sous-Aide.	2e	classe. —	Sous-Lieutenant.
	1re	classe. —	Lieutenant en 2e.
Aide-Major.	2e	classe. —	Lieutenant en 1er.
	1re	classe. —	Capitaine en 2e.
Major.	2e	classe. —	Capitaine en 1er.
	1re	classe. —	Chef de Bataillon.
Principal.	2e	classe. —	Lieutenant-Colonel.
	1re	classe. —	Colonel.
Inspecteur.			Maréchal de Camp.

Calculer le cadre constitutif des Officiers de Santé, en prenant pour modèle celui de l'Artillerie ou celui du Génie.

Les employer dans les différentes branches du service, en ayant égard à leur aptitude et à leur position.

Certainement, les auteurs de l'ordonnance organique du 12 août 1836, ont eu la pensée de n'établir aucune différence entre les trois professions des Officiers de Santé, puisque cette ordonnance a supprimé le grade de Pharmacien sous-aide, et que d'après elle, le corps ne se recrute que par des élèves en Chirurgie, mais à cette époque cette fusion n'étant pas préparée, aurait sans doute entraînée quelques inconvénients; aujourd'hui, au contraire, il ne se présenterait plus que peu d'obstacles, et le résultat serait immense.

§ II.

Comité des Officiers de Santé.

Les Chirurgiens inspecteurs formeraient auprès du Ministre de la Guerre, un comité qui serait le garant du mérite des Officiers de Santé, le soutien de leurs intérêts. Il discuterait les services et le savoir de chacun d'eux, et ses notes serviraient de base aux promotions et au placement.

Tous les ans, les Inspecteurs passeraient une revue détaillée des Officiers de Santé, tant des corps que des hôpitaux, ils leurs donneraient des notes et établiraient des propositions d'avancement en leur faveur.

Ces inspections serviraient encore à l'hygiène générale des troupes.

§ III.

École spéciale de Médecine militaire.

Instituer une école unique, la désigner sous le nom d'*École spéciale de Médecine*, ou de *Chirurgie militaire*, la placer au Val-de-Grâce, supprimer enfin les hôpitaux d'instruction. Ils sont en effet d'une inutilité remarquable, j'ai peine à concevoir qu'on les ait laissés subsister, les moyens d'instructions y étant à peu près nuls.

Caserner les élèves de l'École de Médecine, leur fournir l'entretien et l'instruction, moyennant un prix de pension déterminé.

Combien de familles qui ne se séparent qu'en tremblant de leur fils, pour les envoyer près des facultés de Médecine, où ils sont sans guide et sans appui, abandonnés à toute la violence de leurs passions, s'empresseraient certainement de les placer à une école qui offrirait la double garantie de l'instruction et de la bonne conduite.

Le bénéfice de cette mesure serait incalculable, et en peu de temps on aurait un grand nombre de jeunes Chirurgiens capables et instruits (1).

Cet établissement ne renfermerait que des élèves qui suffiraient facilement aux besoins du service, quelques sous-aides y seraient conservés pour remplir les fonctions de préparateur, prosecteur, chef de Clinique. Sortis de cette école après des examens très-sévères, on n'exigerait plus deux d'autres garanties que le diplôme de Docteur en Médecine, qu'ils pourraient acquérir *gratis*, sauf à restituer au trésor leurs frais de réception, s'ils venaient à quitter volontairement le service.

Fonder cette École sur de larges bases, la doter d'un personel nombreux et choisi ; et quant aux professeurs, la voie du concours serait la méilleure pour en obtenir d'instruits et d'éloquents. Ne plus insister sur les deux classes de professeurs, n'en former qu'une seule, et y attacher un supplément de solde convenable.

L'enseignement donné à l'école spéciale de Médecine militaire, comprendrait :

(1) On ne saurait trop insister sur cette amélioration ; je la regarde comme la seule planche de salut de la Médecine militaire.

1° Toutes les branches des sciences accessoires;

2° L'étude approfondie et détaillée de la Médecine, de la Chirurgie et de la Pharmacie ;

3° Quelques notions sur l'administration militaire.

Ne pas se borner à un enseignement factice ou ridicule, mais donner au contraire un enseignement bon , substantiel , régulier et bien suivi.

En aucun cas, le Chirurgien en chef, directeur de cette école, ne devrait y être professeur ; les plus graves inconvénients sont attachés à cette double et incompatible fonction.

§ **IV**.

Admission. — *Avancement.* — *Placement.*

Instituer que les Officiers de Santé inspecteurs, qui visiteraient tous les ans les différentes garnisons, fussent examinateurs des candidats qui désireraient concourir pour l'école spéciale de Médecine militaire ; il n'y aurait pour eux ni perte de temps , ni déplacement, puisque les inspections et les examens se feraient aux mêmes époques et dans les mêmes villes.

Observer rigoureusement que tous les candidats présentent les conditions physiques requises pour être militaire.

Insister surtout sur les examens de sortie qui devraient être justes et rigoureux ; s'assurer, non par un vicieux concours et une fallacieuse appréciation par un certain nombre de points, des connaissances du candidat ; mais par un examen approfondi, théorique et pratique, qui pourrait mettre au jour, d'une manière certaine, le savoir ou l'ignorance des élèves.

Un certain nombre de professeurs de l'école spéciale y prendrait part ; on devrait y adjoindre aussi quelques professeurs de la faculté de Médecine, qui seraient juges impartiaux et désintéressés du mérite des candidats.

Dans l'intérieur de l'école, répartir les élèves en deux divisions.

La seconde division comprendrait les élèves qui auraient moins de deux ans d'études ; elle se subdiviserait en deux sections.

La seconde section comprendrait les élèves nouvellement admis.

La première se composerait des élèves qui auraient plus d'une année d'études.

La première division renfermerait les élèves qui auraient complété les cours de la seconde division.

Les élèves passeraient d'une section à une autre, et de la seconde division à la première, d'après des examens qu'ils subiraient à la fin de chaque année scholaire.

Les élèves de 1re division qui en auraient achevé les cours, subiraient des examens pour être promus au grade de Chirurgien Sous-Aide de 2me classe.

GRADE DE CHIRURGIEN SOUS-AIDE. — Les candidats admis seraient tous nommés Sous-Aides de 2me classe.

Les Sous-Aides de 1re classe seraient employés dans les grands établissements.

Les Sous-Aides de 2me classe dans les petits hôpitaux.

Les Sous-Aides de 2me classe seraient nommés : moitié à l'ancienneté, et moitié au choix, Sous-Aides de 1re classe.

Les Candidats au choix seraient annuellement présentés par les inspecteurs du service de santé dans leur tournée d'inspection.

GRADE DE CHIRURGIEN AIDE-MAJOR.— Nul ne pourrait être nommé Chirurgien aide-major, s'il ne justifiait du diplôme de Docteur en Médecine.

Les Aides-Majors de 2me classe seraient employés dans les régiments de ligne.

Ceux de 1re classe dans les corps d'armes spéciales, les hôpitaux et postes sédentaires.

Ils seraient également nommés dans les deux classes : moitié à l'ancienneté, et moitié au choix.

Les candidats au choix seraient annuellement présentés par les Officiers de Santé inspecteurs, lors de leur inspection.

GRADE DE CHIRURGIEN-MAJOR.— Les Chirurgiens Majors de 2me classe seraient employés dans les corps de ligne.

Ceux de 1re classe dans les armes spéciales, les hôpitaux et postes sédentaires.

Ils seraient nommés dans les deux classes: moitié à l'ancienneté, et moitié au choix. Le choix serait déterminé comme il a été dit plus haut.

GRADE DE CHIRURGIEN PRINCIPAL.— Tous les emplois dans ce grade seraient donnés au choix.

Les Chirurgiens principaux de 2me classe seraient employés comme chefs de grands établissemens; ceux de 1re classe comme Directeurs de l'École de Médecine, inspecteurs des Officiers de Santé, et en temps de guerre, comme Chirurgiens en chef d'armée.

GRADE D'INSPECTEUR.— Tous les emplois dans ce grade seraient nécessairement donnés au choix.

§ V.

Solde.

Il serait juste et convenable que la solde des

Officiers de Santé fut celle des grades correspondants des armes spéciales (1).

§ VI.

Uniforme.

En France plus que partout ailleurs, on juge du mérite d'un homme, de sa position, par son costume plus ou moins brillant, plus ou moins riche ; on juge de même de l'importance d'un Officier dans l'armée, des services qu'il rend, par la forme de ses épaulettes ou s'il appartient à une administration par les broderies dont son uniforme est couvert. Dans ce cas, il faut l'avouer, le Chirurgien a bien peu de mérite aux yeux du monde, qui, quoi qu'on en dise, juge toujours ainsi ; car la broderie de quelques millimètres qu'il porte au collet, ne doit pas lui attirer grande considération.

Voyez l'Officier de Santé en petite tenue, revêtu d'une capote bleue, toute nue, sans aucune marque distinctive, coifé d'un chapeau à cornes et je demande si cet Officier ne peut pas être con-

______

(1). Établir que tous les Officiers de Santé des corps d'infanterie soient montés, en temps de paix comme en temps de guerre ; en effet, après une longue étape, lorsque le Chirurgien est harassé de fatigue est-il apte à prodiguer ses soins aux éclopés et aux malades ?

fondu avec *un agent de police;* cela est arrivé mille fois.

Bien plus, on vient de donner un uniforme unique à l'administration, cela était utile ; mais les Chirurgiens ont encore été malheureux, car le collet de l'administration étant rouge et les broderies en or, il est impossible de distinguer à 3o pas de distance, un Chirurgien-Major d'un Adjudant de 2ᵐᵉ classe.

Estimés d'après la valeur de leurs broderies respectives, ils jouiront donc d'une même considération ; est-ce justice ?

Portant la petite tenue exigée par les réglemens pour faire le service dans les hôpitaux, il est impossible de distinguer l'élève, du Chirurgien en chef, puisque leur tenue est en tout semblable, et cependant il serait on ne peut plus utile qu'une distinction matérielle existât. Il est, sans aucun doute, nécessaire que chaque grade ait un insigne approprié sur la grande comme sur la petite tenue.

Toutes ces difficultés seraient levées, en donnant aux Chirurgiens militaires, soit les aiguillettes, soit une ceinture ou toute autre marque distinctive ; on leur conserverait néanmoins leurs broderies, ainsi que le collet et les parements en velours amaranthe. On devrait aussi leur accorder le chapeau d'état-major, et une bande en drap bleu sur le pantalon garance qu'ils portent actuellement.

Tout le monde conviendra, que plus une fonction est pénible et philantropique, plus elle est honorable ; et plus, par conséquent, elle mérite d'être honorée et considérée : telle est la fonction que remplissent les Officiers de Santé militaires, et cependant justice leur est-elle rendue !

§ VII.

Comme dispositions transitoires.

Les élèves des hôpitaux d'instruction seraient appelés simultanément à l'école spéciale de Médecine militaire, où ils subiraient des examens pour être classés dans les différentes divisions et sections.

Les Chirurgiens, sous-aides, actuellement dans les hôpitaux d'instruction et les hôpitaux de Paris, pourraient être promus au grade de Sous-Aide de 1re classe.

Les professeurs de l'hôpital de perfectionnement et des hôpitaux d'instruction, pourraient être nommés sans concours, professeurs à l'école spéciale de Médecine militaire.

IMPRIMERIE DE VEUVE CLUZEAU, PLACE D'ARMES N. 6.

www.ingramcontent.com/pod-product-compliance
Lightning Source LLC
LaVergne TN
LVHW011456180726
843503LV00009BA/4158